두 번의 전쟁을 이겨 낸 조선,
이제 어떤 새로운 꿈을 꾸었을까요?

새로운 조선을 꿈꾼
영조와 정조

이현 글 | 서선미 그림

어느덧 마을마다 다시 아이들이 뛰놀았습니다.

논밭은 푸르게 물결치고 농부들의 노랫소리가 울려 퍼졌어요.

농사짓는 기술이 나아지면서 전보다 곡식을 많이 수확할 수 있었어요.

전에는 없던 새로운 먹거리도 생겼어요.

조선에서도 감자와 고구마 그리고 고추를 키우게 된 거예요.

감자랑 고구마는 밥만큼 든든한 끼니가 되고, 고추로 매운 김치도 담그게 됐지요.

그래도 백성들은 여전히 먹고살기가 힘들었어요.

"풍년이면 뭐 하나? 양반들이 뜯어 가고, 나라에서 빼앗아 가고!"
"군대에 가지 않는 대신 비싼 옷감을 내야 하지!"
"지난겨울에는 하도 먹을 게 없어 나라에서 쌀을 빌렸어.
그런데 이자가 얼마나 비싼지, 빌린 쌀보다 이자가 더 많지 뭔가."

하지만 양반들은 군대도 가지 않고, 세금도 내지 않았어요.
전쟁이 터지자 먼저 도망쳐 놓고,
전쟁이 끝나자 냉큼 도로 높은 자리로 돌아왔습니다.

큰 전쟁을 겪고도 양반들은 반성할 줄 몰랐습니다.

나라야 망하건 말건, 백성이야 죽건 살건, 자기들 욕심만 채우기 바빴어요.

더 높은 자리를 차지하려고 편을 갈라 싸워 대기도 했지요.

왕들도 그런 양반들을 어찌하지 못했어요.

오히려 왕이 양반들의 눈치를 보는 일도 많았어요.

양반들은 동인과 서인으로 나뉘어 싸우다가,
동인이 북인과 남인으로 나뉘었어요.
북인은 또 대북과 소북으로 갈라졌고,
서인도 노론과 소론으로 갈라져 싸웠어요.
나랏일은 제대로 돌보지 않고 편을 갈라 싸워 대는 동안
목숨을 잃은 사람들도 많았어요.

스물한 번째로 왕위에 오른 영조는 그런 양반들을 그냥 두고 보지 않았어요.

"탕탕평평!"

새 임금 영조는 만천하에 '탕평'을 선포했어요.
편을 갈라 싸우면 안 된다는 뜻이었어요.

양반들의 학교인 성균관 앞에 '탕평비'라는 비석을 세우기도 했어요.
그것으로 하루아침에 모두 한마음이 되지는 않았지만,
양반들은 왕의 눈치를 살피게 되었어요.
영조는 그전의 한심한 왕들과는 달랐어요.
열심히 공부하고 검소하게 생활하며 신하들에게 모범을 보였어요.
편을 가리지 않고 능력 있는 사람들을 신하로 부르려고 애썼어요.
백성들을 위해서 무거운 세금을 덜어 주기도 했고요.

그런데 세자에 대해 안 좋은 소문이 돌기 시작했어요.
공부를 게을리한다, 활쏘기와 말타기를 더 좋아한다, 춤과 노래를 즐긴다…….
조선의 세자답지 못한 태도였어요.
영조가 엄히 꾸짖으면, 세자는 늘 잘못했다고 빌었어요.
하지만 그때뿐이었어요.

세자는 아버지의 눈을 피해 나쁜 행동을 계속 했어요.

"세자가 몰래 궁궐에서 빠져나가 멀리 놀러 갔다고?"
"이상한 사람들을 궁궐로 불러들인다는 소문도 있어……."
"뭐? 마음에 안 드는 신하를 때려? 목숨을 빼앗아?"

마침내 영조는 마음을 굳혔습니다.

"세자는 나의 뒤를 이어 왕이 될 자격이 없다!"

세자는 자리에서 쫓겨나게 되었어요.
그리고 너무도 끔찍한 벌을 받고 말았어요.

"두 번 다시 세자를 보고 싶지 않다. 세자를 뒤주˚에 가둬라!"

영조는 세자를 궁궐 마당에 놓인 뒤주 속에 가두게 했어요.

세자의 어린 아들 산이 할아버지께 빌었어요.

"아버지를 살려 주세요! 아버지를 용서해 주세요!"

하지만 영조는 고집을 꺾지 않았어요.
영조의 아들 사도 세자는 8일 동안 뒤주에 갇혀 있다 세상을 떠났어요.
그의 아들 산이 새로운 세자가 되었습니다.

- **뒤주** 쌀, 콩, 팥 등 곡식을 담는 기구.
  나무로 궤짝같이 만든다.

세월이 흘러 영조는 세상을 떠나고,
사도 세자의 아들 산이 새 임금이 되었어요.
조선의 스물두 번째 왕 정조입니다.
신하들은 정조의 눈치를 슬슬 살폈어요.

"사도 세자의 죽음 때문에 우리를 미워하시는 게 아닐까?"
"그때 영조를 말리지 못했다고 우리를 벌하시는 게 아닐까?"

하지만 정조는 백성을 아끼고 나라를 걱정하는 왕이었어요.
돌아가신 아버지가 아니라 나라의 앞날을 걱정했어요.
정조는 장용영이라는 든든한 군대를 만들었어요.
규장각*에서 학자들이 마음껏 공부하게 했고, 수원성도 튼튼하게 쌓았어요.
신분을 가리지 않고 능력 있는 사람들을 신하로 불렀고,
힘없는 백성들의 형편을 살피려 애썼어요.

● **규장각** 정조가 세운 왕실 도서관으로 글과 그림을 보존하고, 많은 책을 펴낸 기관.

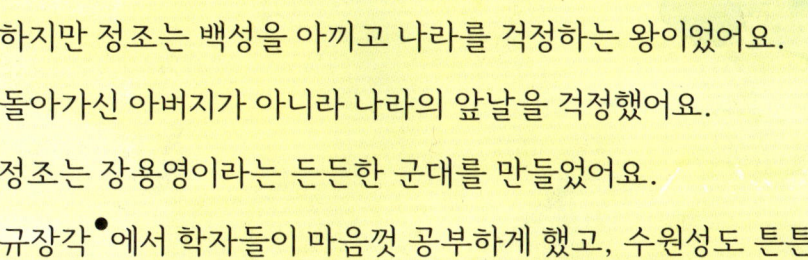

뜻있는 선비들은 청나라로 가서 새로운 세상을 배웠어요.
청나라를 찾아온 서양의 여러 나라에 대해서도 알게 됐지요.
홍대용은 청나라에서 서양 과학을 배워 《의산문답》이라는 책을 썼어요.

"지구를 저 우주와 비교한다면 먼지만큼도 안 된다.
중국을 지구 전체와 비교한다면 몇 십 분의 일밖에 되지 않는다."

중국을 하늘처럼 떠받들던 조선에서는 깜짝 놀랄 만큼 새로운 생각이었어요.
세상은 홍대용 같은 사람들을 '실학자'라고 했어요.
나라를 잘살게 하고 백성을 돕는 방법을 연구하는 사람들이라는 뜻이었어요.

또다른 실학자 박지원은 청나라를 오고 가며
보고 들은 이야기로 《열하일기》라는 책을 썼어요.
《열하일기》에는 지어낸 이야기인 소설도 있었는데,
주로 양반의 한심한 꼴을 비웃는 내용이었어요.
박지원 자신이 양반이면서도 양반의 잘못된 점을 지적했어요.
소설 〈양반전〉에서는 양반을 두고 날도둑이라고 했고,
〈호질〉에서는 배고픈 호랑이도 양반을 마다한답니다.

"양반을 잡아먹었다간 체하거나 구역질을 할걸!"

정약용 또한 학자로 이름이 높았습니다.
양반이지만 백성의 어려움에 깊이 공감했어요.
백성이 먹고사는 일을 해결하지 못하면 쓸모없는 공부라고 생각했지요.
정약용은 백성이 잘사는 나라를 만드는 길을 연구해서 수많은 책을 남겼어요.
백성들의 힘든 삶을 안타깝게 노래한 시를 짓기도 했고요.

부잣집들 일 년 내내 풍악 울리고 흥청망청.
부자들은 쌀 한 톨 베 한 필 내다 바치는 일이 없네.
다 같은 백성인데 이렇게 불공평하다니.

화가 정선은 조선의 산과 강을 그렸어요.
그때까지 다른 화가들은 중국의 풍경을 상상으로 그리기만 했어요.
무엇이든 중국이 최고라는 생각 때문이었지요.
그런데 정선이 비로소 조선의 풍경을 그린 거예요.

신윤복과 김홍도는 조선 사람들을 그림에 담았어요.
부처나 신선도 아니고, 왕이나 대단한 양반도 아니었어요.
그냥 보통의 조선 사람들이 살아가는 모습을 그렸어요.
서당에서 공부하는 모습, 단오에 그네를 타고 노는 모습, 씨름하는 모습,
달밤에 다정하게 거니는 연인들의 모습을 그리기도 했지요.

재미나게 탈춤을 추고 시원하게 판소리를 하는 사람들도 있었어요.
《춘향전》,《홍길동전》,《심청전》 같은 소설들도 널리 읽혔어요.

바야흐로 조선은 르네상스,
다시 차오르는 달처럼 환히 빛나고 있었습니다.

● **르네상스** 학문이나 예술이 '다시 태어났다.'는 뜻으로 문화가 눈부시게 부흥하는 시기를 가리키는 말.

그런데 정조가 그만 일찍 세상을 떠나고 말았습니다.
그 뒤를 이은 순조의 나이는 겨우 열한 살이었어요.
아버지의 뜻을 이어 갈 힘이 없었어요.
나랏일을 제대로 이해하기도 어려웠지요.

할머니 정순 왕후가 순조를 대신해서 나라를 다스리게 됐어요.
그러자 욕심 많은 신하들이 속마음을 드러내기 시작했어요.

"왕이랍시고 어린애가 뭘 할 수 있겠어?"
"게다가 왕후도 우리 편이지!"
"탕평이니, 백성이니, 그동안 우리가 얼마나 손해를 봤냔 말이지!"

신하들은 다시 편을 지어 싸우고, 자기 배만 불리기 바빴어요.
힘 있는 신하들은 벼슬을 팔아먹었고,
돈으로 벼슬을 산 신하들은 백성들에게서 그 돈을 뜯어냈어요.
그런 자들에게 맞섰다가는 귀양으로 멀리 쫓겨나거나
심지어 목숨을 잃었어요.

순조의 다음을 이은 헌종은 겨우 여덟 살에 왕이 되었어요.
그리고 헌종마저 일찍 세상을 떠나자 더 이상 왕자가 없었어요.
강화도 시골 마을에서 농사를 짓고 살던 왕의 먼 친척을 왕으로 삼았답니다.
욕심 많은 양반들은 아주 신이 났어요.

"왕은 무슨 왕? 허수아비들이지!"
"왕 따위가 감히 우리를 어쩌겠어? 음화화화."

그 무렵 예수 그리스도를 따르는 천주교가 조선에 전해졌습니다.

"모든 사람은 하느님의 자녀입니다. 하늘 아래 모두 똑같이 귀합니다."

천주교의 가르침은 조선 사람들에게 큰 충격을 주었어요. 희망이기도 했어요.
힘센 패거리들에게 짓눌려 온 양반들, 양반에게 빼앗기며 살아온 백성들,
남자에게 무시당하며 살아온 여자들…….
힘들고 지친 사람들은 천주교에 마음을 빼앗겼어요.
중국인 신부가 조선으로 왔고, 멀리 프랑스에서도 신부들이 조선을 찾아왔어요.
김대건은 조선인으로 최초의 신부가 되었어요.

조선 사람 최제우는 '동학'이라는 종교를 만들었어요.

"사람이 곧 하늘이요, 하늘이 곧 사람이다.
모든 사람은 하늘과 같다!"

동학 역시 모든 사람이 똑같이 귀하다고 가르쳤습니다.
많은 백성들이 동학을 믿고 따랐어요.

백성들은 더 이상 양반을 하늘처럼 여기지 않았어요.
왕을, 양반을 믿지도 않게 되었어요.

"더 이상은 못 참겠다. 이렇게는 못 살겠다!"

조선의 백성이라면 누구나 그렇게 생각했어요.

높은 자리에 앉은 양반들은 천주교를 싫어했어요.

"천주교를 금한다! 예수를 믿는 자들을 모두 처형하라!"

천주교를 믿는다는 이유만으로 수천 명이 목숨을 잃었어요.
조선인만이 아니었어요.
중국인 신부도, 프랑스인 신부도 처형당하고 말았어요.
동학도 높은 양반들에게 미움을 받았지요.

"동학을 금한다. 최제우를 처형하라!"

최제우도 잘못된 생각을 퍼트렸다는 죄목으로 목숨을 잃고 말았어요.
하지만 총칼로 새로운 생각을 막을 수는 없었어요.
많은 사람들이 은밀하게 천주교를 믿었어요.
마을마다 동학을 따르는 사람들이 생겨났습니다.

그러던 어느 날 경상도 진주의 백성들이
참다못해 스스로 무기를 들고 나섰어요.

"세금을 내고 내고 또 내고! 이러다 굶어 죽겠어!"
"굶어 죽는 것보다 싸우다 죽는 게 낫다!"
"더 이상은 못 참겠다!"

그 소식에 다른 곳의 백성들도 무기를 들기 시작했습니다.
다들 처지가 비슷했어요.
충청도와 전라도, 함경도와 제주도에서도 백성들이 들고일어났어요.
성난 백성들은 관아를 불 지르고 빼앗긴 식량을 되찾았어요.
백성들을 괴롭히던 탐관오리들을 혼내 주었어요.

왕과 신하들은 그제야 놀랐어요.

그래도 잘못을 저지른 벼슬아치들을 조금 꾸짖기만 할 뿐이었어요.

그러고는 군대를 보내서 백성들의 힘을 꺾으려고만 들었어요.

아무도 백성들의 마음에 귀 기울이지 않았어요.

조선은 이미 깊이 병들어 있었습니다.

나의 첫 역사 여행

조선의 참모습

인왕제색도

화가 정선은 조선의 아름다운 강산을 그린 '진경산수화'로 유명해요.
진경산수화란 '실제로 있는 풍경을 그린 그림'이라는 뜻이에요.
〈수성동〉, 〈필운대〉, 〈청송담〉 같은 그림 속 풍경은 오늘날까지 남아 있고요,
서울 지하철 3호선 경복궁역에서 마을버스 9번을 타고 종점에서 내리면
〈인왕제색도〉와 똑같은 풍경을 만날 수 있답니다.

〈인왕제색도〉

인왕산

서당

〈서당〉

〈씨름〉

화가 김홍도는 조선 사람의 모습을 실감 나게 그린 풍속화로 유명해요.
씨름하는 그림, 빨래하는 그림, 벼를 걷는 그림, 활을 쏘는 그림,
춤을 추며 노는 그림, 그리고 서당에서 공부하는 그림도 있어요.
그림 〈서당〉은 국립 중앙 박물관에서 볼 수 있고요,
그림 속 어린이들과 선생님의 모습은
오늘날의 교실에서도 만날 수 있답니다.

국립 중앙 박물관 ▼ www.museum.go.kr

월하정인

간송 미술관 ▼ www.kansong.org

김홍도가 평범한 날의 모습을 그렸다면,
신윤복은 특별한 날을 그리는 화가였어요.
신윤복 그림 속 인물들은 곱게 차려입곤 했고,
사랑에 빠져서 설레기도 했어요.
은은한 달빛 속의 연인을 그린 〈월하정인〉은
간송 미술관에서 소장하고 있고요,
오늘날까지도 사랑하는 그 마음이 전해진답니다.

〈월하정인〉

〈미인도〉

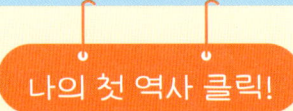

나의 첫 역사 클릭!

홍길동전과 조선의 소설

'홍길동'이라는 이름을 들어 본 적 있나요?
우리나라에서 가장 유명한 이름이지요.
바로 그 홍길동은 조선의 유명한 이야기 《홍길동전》의 주인공이랍니다.
《홍길동전》은 허균이 쓴 것으로, 최초로 한글로 쓴 소설이에요.
허균의 누나 허난설헌은 뛰어난 시인이었어요.
그런데 여자라는 이유로 마음껏 글을 써 보지도 못한 채
젊은 나이에 세상을 떠나고 말았어요. 하지만 허난설헌이 남긴 시는
조선은 물론 중국과 일본까지 널리 알려졌어요.

강원도 강릉의 허균·허난설헌 기념 공원

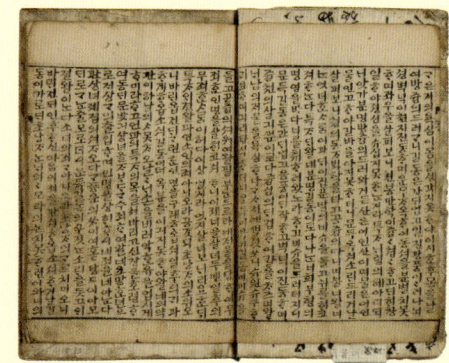

《홍길동전》

그 밖에도 재미난 이야기가 술술 쏟아졌어요.
오늘날의 판타지 소설 같은 내용의 《구운몽》,
영웅이 활약하는 이야기인 《임진록》,
그리고 모두가 잘 아는 《토끼전》, 《흥부전》,
《심청전》, 《춘향전》도 있어요.
박지원도 《열하일기》 속에 〈허생전〉,
〈양반전〉, 〈호질〉 등의 소설을 남겼지요.

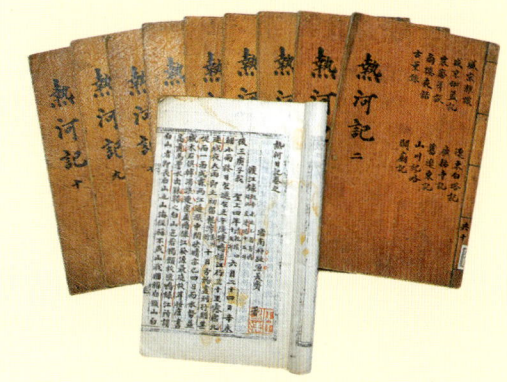

《열하일기》

 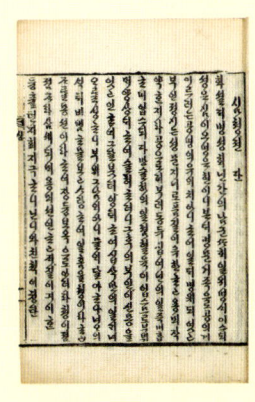 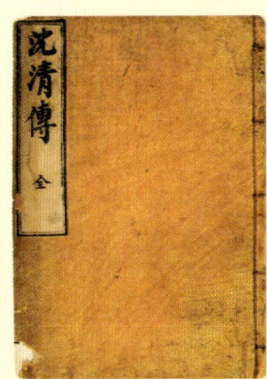

《토끼전》　　　　　《심청전》

글 이현

세상 모든 것의 이야기가 궁금한 동화작가입니다. 우리나라 곳곳에 깃든 이야기를 찾아 어린이들의 첫 번째 역사책을 쓰고 있습니다. 그동안 《짜장면 불어요》, 《로봇의 별》, 《악당의 무게》, 《푸른 사자 와니니》, 《플레이 볼》, 《일곱 개의 화살》, 《조막만 한 조막이》, 《내가 하고 싶은 일, 작가》 등을 썼습니다. 제13회 전태일 문학상, 제10회 창비좋은어린이책 공모 대상, 제2회 창원아동문학상 등을 받았습니다.

그림 서선미

조선 시대 사람들을 그리며 어릴 적 할머니 따라 목화밭에 갔던 생각이 났습니다. 목화꽃처럼 따순 그림을 전해 주고 싶습니다. 세종대학교 영어영문학과를 졸업하고 한국일러스트레이션학교에서 그림책을 공부했습니다. 그린 책으로 《아기장수 우투리》, 《범아이》, 《깔깔 옛이야기》, 《마을은 맨천 구신이 돼서》 등이 있습니다.

나의 첫 역사책 15 — 새로운 조선을 꿈꾼 영조와 정조

1판 1쇄 발행일 2020년 4월 27일 | 1판 9쇄 발행일 2023년 1월 9일
글 이현 | **그림** 서선미 | **발행인** 김학원 | **기획** 이주은 박현혜 도아라 | **표지·본문 디자인** 유주현 한예슬
저자·독자 서비스 humanist@humanistbooks.com | **스캔** (주)로얄프로세스 | **용지** 화인페이퍼 | **인쇄** 삼조인쇄 | **제본** 영신사
발행처 휴먼어린이 | **출판등록** 제313-2006-000161호(2006년 7월 31일) | **주소** (03991) 서울시 마포구 동교로23길 76(연남동)
전화 02-335-4422 | **팩스** 02-334-3427 | **홈페이지** www.humanistbooks.com

글 ⓒ 이현, 2020   그림 ⓒ 서선미, 2020
ISBN 978-89-6591-386-3 74910
ISBN 978-89-6591-332-0 74910(세트)

- 이 책은 저작권법에 따라 보호받는 저작물이므로 무단 전재와 무단 복제를 금합니다.
- 이 책의 전부 또는 일부를 이용하려면 반드시 저작권자와 휴먼어린이 출판사의 동의를 받아야 합니다.
- **사용연령 6세 이상** 종이에 베이거나 긁히지 않도록 조심하세요. 책 모서리가 날카로우니 던지거나 떨어뜨리지 마세요.